SOPA DE LIBROS

© Del texto: Vicente Muñoz Puelles, 2004
© De las ilustraciones: Elena Odriozola, 2004
© De esta edición: Grupo Anaya, S.A., 2004
Valentín Beato, 21. 28037 Madrid
www.anayainfantilyjuvenil.com

1.ª edición, octubre 2004
21.ª impr., febrero 2023

Diseño: Manuel Estrada

ISBN: 978-84-667-4438-6
Depósito legal: M. 45.224/2010

Impreso en España - Printed in Spain

*Reservados todos los derechos. El contenido de esta obra está protegido
por la Ley, que establece penas de prisión y/o multas, además
de las correspondientes indemnizaciones por daños y perjuicios, para
quienes reprodujeren, plagiaren, distribuyeren o comunicaren públicamente,
en todo o en parte, una obra literaria, artística o científica, o su transformación,
interpretación o ejecución artística fijada en cualquier tipo de soporte
o comunicada a través de cualquier medio, sin la preceptiva autorización.*

El arca y yo

SOPA DE LIBROS

Vicente Muñoz Puelles

El arca y yo

Ilustraciones
de Elena Odriozola

ANAYA

I Premio Anaya de Literatura Infantil y Juvenil 2004

A mi amigo Rolf,
en recuerdo de una infancia perfecta.

1
¡Otra vez tarde!

Llamadme Jafet. Tengo nueve años y voy a contaros la historia más asombrosa del mundo.

Aquí, sobre la mesa, están mis útiles de escribir: un trozo de caña recién afilado y cuatro tablillas de arcilla húmeda.

Espero que cuatro tablillas sean suficientes.

Dormía profundamente, como cada mañana, cuando mamá me despertó con un beso.

—¡Arriba, Jafet! —me dijo, y lo primero que vi fue su sonrisa—. Ya debías estar en la escuela.

Tenía razón, porque la luz inundaba el dormitorio. Salté de la cama, me anudé el faldellín en la cintura y me puse el morral en la espalda. Mamá me dio dos panecillos para el almuerzo.

En el patio, miré las hojas inmóviles de la palmera. «Otro día caluroso, sin viento», pensé. Al pasar junto a la cisterna hice un cuenco con las manos y me mojé la cara.

La puerta de la casa de mis tíos, que lindaba con la nuestra, estaba cerrada. Inana, mi prima, que también era mi mejor amiga, se había cansado de esperarme.

Como siempre que me levantaba tarde, eché de menos sus risas y su saludo alegre:

—¡Jafet, dormilón! ¿Te ha costado mucho ponerte en pie?

Inana ayudaba a mi tía en las faenas de la casa y yo iba a la escuela de los escribas.

Seguí nuestra calle, una de las más largas de Uruk, hasta llegar al jardín público.

Papá solía decirme que evitase las calles poco frecuentadas, las tabernas y las casas de juego, y que no hablara con desconocidos.

Tampoco le gustaba que entrase en el jardín público, salvo si iba acompañado. Pero tenía prisa, y el jardín era el mejor atajo para llegar a la escuela.

Pasé bajo el gran arco de entrada y corrí por una avenida de palmeras. Al final de la avenida había una fuente. Allí, cientos de palomas bebían, se bañaban y revoloteaban.

Dejé de correr y empecé a caminar con cuidado, para no tropezar con ellas.

De pronto, una mano me agarró el hombro, como una zarpa. Era un hombre alto de nariz afilada, con una mancha de color vino en la cara. Llevaba una camisa andrajosa y un faldón remendado.

—¿Vas a la escuela, niño? —me preguntó, acercando su cara a la mía.

—Lo siento. Tengo prisa —balbuceé, intentando soltarme.

La zarpa se aferró aún más, y lamenté no haber seguido las recomendaciones de papá.

—¿De veras, eh? Pues te diré una cosa, niño —me advirtió el desconocido, señalando el cielo con un índice terminado en una larga uña—. ¡El fin del mundo está cada vez más cerca! Podría ser mañana o incluso hoy mismo. ¿Crees que si vas a la escuela te salvarás, que algo de lo que allí te enseñan podrá salvarte?

—¿El fin del mundo? —repetí.

Por un momento, la idea de que el mundo pudiera acabarse me hizo olvidar peligros mucho más inmediatos, como el de la propia zarpa.

—¡El fin del mundo, sí! —gritó el desconocido, y soltó una carcajada estruendosa, que me hizo temblar de pies a cabeza—. ¡Una tormenta de fuego y azufre caerá sobre Uruk! ¡Las palmeras se encenderán como antorchas, los pájaros arderán en pleno vuelo y los hombres se convertirán en montones de ceniza! ¡Todo lo que ves desaparecerá en un instante, y no quedará piedra sobre piedra!

Hablaba con entusiasmo, como si aquel desastre le hiciese feliz.

No le creí. ¿Cómo iba a creerle? Uruk era una ciudad grande y antigua, con muchas casas y templos, un palacio de infinitas habitaciones y una torre altísima, que rozaba el cielo y nos llenaba de orgullo. Todo aquello no podía desaparecer, y menos en un instante.

Dos paseantes se acercaron, atraídos por el griterío. El desconocido aflojó la presión. Me solté y, sin volver la cabeza, eché a correr entre un revuelo de palomas.

A la entrada de la escuela me esperaba el hombre de la vara, que se encargaba de la disciplina.

—Jafet, hijo de Noé, hoy has llegado el último —me dijo, en tono severo.

Sabía lo que me esperaba. Me quité el morral de la espalda y lo dejé en el suelo. Extendí las manos, con las palmas hacia arriba, y recibí cinco golpes de vara en cada una.

—Ahora refréscate —me ordenó el encargado, señalando la alberca.

Al sumergir las manos, sentí un intenso alivio.

Hacía más calor dentro del aula que fuera, y eso que la escuela tenía gruesos muros y acababa de ser encalada.

Saludé con un gesto a mis compañeros: Dumuzi, el amigo de los animales, que recogía las hormigas muertas y les hacía pequeños funerales; Neti, el empollón, que tenía una habilidad extraordinaria para aprenderse todas las tablillas y recitarlas de memoria, sin equivocarse; Enki, el glotón, que siempre me perseguía, fingiendo que estaba a punto de perecer de hambre, hasta que le daba uno de mis panecillos.

El director de la escuela se llamaba Nanasig. Tenía un aspecto imponente, con la cabeza afeitada y la barba teñida de rojo. Sentado a su mesa, nos llamaba por nuestros nombres y examinaba los deberes que habíamos hecho en casa. Mientras leía, corregía las faltas con un punzón de cobre.

Nada se le escapaba. Cuando llegó mi turno, le saludé con una reverencia respetuosa. Tomó mi tablilla, me enseñó dónde me había equivocado y me dijo:

—Tu escritura es satisfactoria, pero has vuelto a llegar tarde. Si quieres ser un buen escriba, tendrás que cumplir tus obligaciones. Dime, Jafet, hijo de Noé, ¿qué excusa vas a darme hoy?

Le conté que me había levantado a tiempo, pero que al ir hacia la escuela un hombre harapiento me había soltado un discurso sobre el fin del mundo. Y no podía librarme de él, porque me había agarrado por el hombro y no me soltaba.

—¡Ah, un profeta! —exclamó Nanasig, interesado, y su mirada se deslizó por mis hombros, hasta encontrar la huella de la zarpa.

Me pidió que le describiera al hombre harapiento y que le repitiese lo que me había dicho.

Luego me explicó que los profetas son personas que oyen voces misteriosas dentro de su cabeza. Creen que los dioses hablan con ellos y les predicen el futuro.

Llegó el momento de la lectura en voz alta.

Kudur, el maestro auxiliar, nos entregó las tablillas. La mía era fácil, una colección de fábulas cortas y proverbios que ya me había tocado otras veces. La leí sin equivocarme, pero Nanasig corrigió mi pronunciación.

—No seas vago —me dijo—. Tienes que abrir más la boca y que mover bien la lengua, si quieres que se te entienda.

Neti, el empollón, hizo otra de sus demostraciones y nos recitó de memoria un largo poema sobre la creación del hombre y de la mujer, a partir del barro.

Era curioso pensar que todos habíamos salido del barro, como las tablillas.

Después de la lectura sonó la campanilla del almuerzo.

Enki, el glotón, se comió rápidamente sus panecillos y me miró con ojos implorantes. Hacía demasiado calor para resistirse. Le di uno de mis panecillos, antes incluso de que me lo pidiera.

En el patio de la escuela, Dumuzi, el amigo de los animales, iba delante de nosotros para evitar que pisásemos las hormigas. Cuando encontraba alguna que ya estaba muerta, la colocaba sobre un ladrillo, le ofrendaba una brizna de hierba y lloraba en silencio.

A las hormigas vivas les arrojaba pequeñas migas de pan, que ellas recogían y se llevaban a sus almacenes subterráneos.

Empezó la clase de redacción. Preparamos nuestras tablillas y trazamos unas líneas para que los renglones nos salieran derechos.

Luego, Nanasig nos dijo sobre qué debíamos escribir. Por una vez, parecía haber elegido los temas más apropiados para cada uno.

Neti tenía que escribir sobre la importancia de los recuerdos, Enki sobre los cereales y el suministro de pan, Dumuzi sobre la vida de las hormigas.

Yo esperaba que Nanasig me pidiese una redacción sobre papá, que era uno de los ciudadanos más notables de Uruk, o sobre mi encuentro con el profeta harapiento. Pero me dijo:

—Tú, Jafet, hijo de Noé, vas a copiar sesenta veces la frase: «No volveré a llegar tarde a la escuela».

Por lo visto, la vara no le parecía suficiente castigo. Quise protestar, pero acabé bajando la mirada. Hasta ese punto era imponente y terrible el aspecto de Nanasig.

Tomé un trozo de caña, comprobé el filo y empecé a llenar de signos pequeños, como huellas de pájaro, la tablilla húmeda: «No volveré a llegar tarde a la escuela. No volveré a llegar...».

El sudor me hormigueaba por la frente y la espalda. Una gota resbaló lentamente por mi nariz y cayó al pupitre. Tenía sueño otra vez, a causa del calor.

«...tarde a la escuela. No volveré a llegar...»

La mano de Kudur, el maestro auxiliar, me sacudió el hombro con fuerza.

—Jafet, hijo de Noé —me dijo—, ha llegado un sirviente de tu familia. Tienes que irte. Tu padre quiere hablar contigo ahora mismo.

Era todo un acontecimiento. Papá nunca me había mandado llamar desde que iba a la escuela. Debía tener un motivo muy poderoso para hacerlo ahora.

Dejé el morral junto a mi pupitre, por si volvía, y seguí al sirviente.

Al pasar por el jardín público busqué al profeta con la mirada, pero no estaba.

Las palomas, en cambio, aún rondaban la fuente. Sentí algo de envidia al ver cómo se bañaban y alborotaban, libres, bajo el sol cegador.

2
LA HISTORIA MÁS HERMOSA DEL MUNDO

Papá y mamá me esperaban en el gran salón de nuestra casa, en compañía de mis hermanos. No era frecuente ver juntos a Sem y a Cam, que ya pasaban de los veinte años, se habían casado y tenían sus propias familias. Además, casi siempre estaban de viaje.

Pensé que ellos o papá iban a soltarme un discurso.

—¡No volveré a llegar tarde! —les dije—. Ya me han castigado en la escuela.

Comprendí, por las risas de mis hermanos, que el motivo de la reunión era otro.

Papá tenía un brillo extraño en la mirada. Sin duda, sus pensamientos estaban lejos de allí. Mamá, que se había sentado a su lado, me hizo señas para que me callara.

A diferencia de papá, que era uno de los altos jueces de Uruk, mis hermanos se dedicaban al comercio.

Los barcos de Sem bajaban por el río hasta el golfo, rumbo al mar del Sur, y volvían cuatro o cinco meses después con incienso, cobre, marfil y dátiles que se derretían en la boca.

Cam era el jefe de una caravana que traía con regularidad plata de las minas del Norte, y lapislázuli y piedras preciosas de las montañas del Este.

En cuanto a mí, papá esperaba que me convirtiese en escriba. Decía que entonces tendría un empleo fijo, en el palacio del rey o en los templos, y una posición respetable, como la suya.

Pero yo soñaba con viajes a lugares exóticos. Quería navegar con Sem y visitar la remota costa del Sur, donde la selva llegaba hasta la orilla y se poblaba de tambores al caer la noche. Y también quería ver con mis propios ojos las cuevas que Cam me había descrito, donde las piedras preciosas brillaban a la luz de las antorchas.

Papá carraspeó, como siempre que iba a decir algo importante.

—Hijos míos, Dios ha vuelto a hablarme —nos anunció con gravedad.

Mis hermanos palidecieron, y yo me quedé sobrecogido. ¿Sería papá un profeta, como el desconocido del jardín? Al menos tenía un aspecto muy distinto, con aquella arruga honda y vertical en el entrecejo, la barba larga y rizada y el elegante faldón de piel de oveja que le llegaba a los pies.

—¿Llegaste a verlo? —le preguntó Sem, suspicaz.

Papá negó con la cabeza. Para él, todo era cuestión de fe. Y la fe, como solía decirnos, no necesitaba comprobaciones.

—Ha ocurrido esta misma mañana —continuó—. Al pasar junto a una zarza he oído una voz solemne, llena de tristeza, que parecía llamarme desde muy lejos: «¡Noé, Noé!».

—Podía ser una tomadura de pelo —insistió Sem—. ¿Miraste detrás de la zarza, por si acaso?

—¿Para qué? ¿Crees que no sé reconocer la voz de Dios?

—Yo me hubiera muerto de miedo —dije.

—Si tuvieras fe te habrías quedado tranquilo, como yo —comentó papá—. Luego, la voz me ha dicho: «Soy el Señor tu Dios, el creador del cielo y de la tierra. Estoy muy apenado, porque los hombres han olvidado lo que hice por ellos. Adoran a otros dioses y les dedican templos. Pero tú crees en mí y me has dedicado un altar, en tu casa. Por eso te prevengo. Voy a enviar un diluvio, que inundará la tierra y acabará con todos los hombres. Solo os salvaré a ti y a los tuyos».

—Esos somos nosotros —puntualizó Cam, y me guiñó un ojo.

Con Cam nunca se sabía si hablaba en serio o en broma.

—Preferiría que no me interrumpierais —gruñó papá, y siguió contándonos lo que Dios le había dicho—: «Construirás un arca de madera muy grande, con tres pisos y un tejado. Elige dos animales de cada especie, macho y hembra, para que tengan descendencia. Acomódalos en el interior del arca y lleva contigo comida suficiente para todos ellos y para tu familia. Porque dentro de cuarenta días con sus noches empezará el diluvio». Después, Dios ha callado y no ha vuelto a hablar.

«Es la historia más extraordinaria que conozco», pensé, «y nos está ocurriendo a nosotros».

Era una historia tan fabulosa como los mitos de las antiguas tablillas, y al mismo tiempo tan real como las aventuras que mis hermanos me contaban cuando volvían de sus viajes.

—No irás a... —empezó Sem, pero se detuvo al percibir aquel brillo extraño en los ojos de papá—. ¡Piensa en las otras veces!

—¿Qué otras veces? —pregunté.

Sem suspiró y se volvió hacia mí.

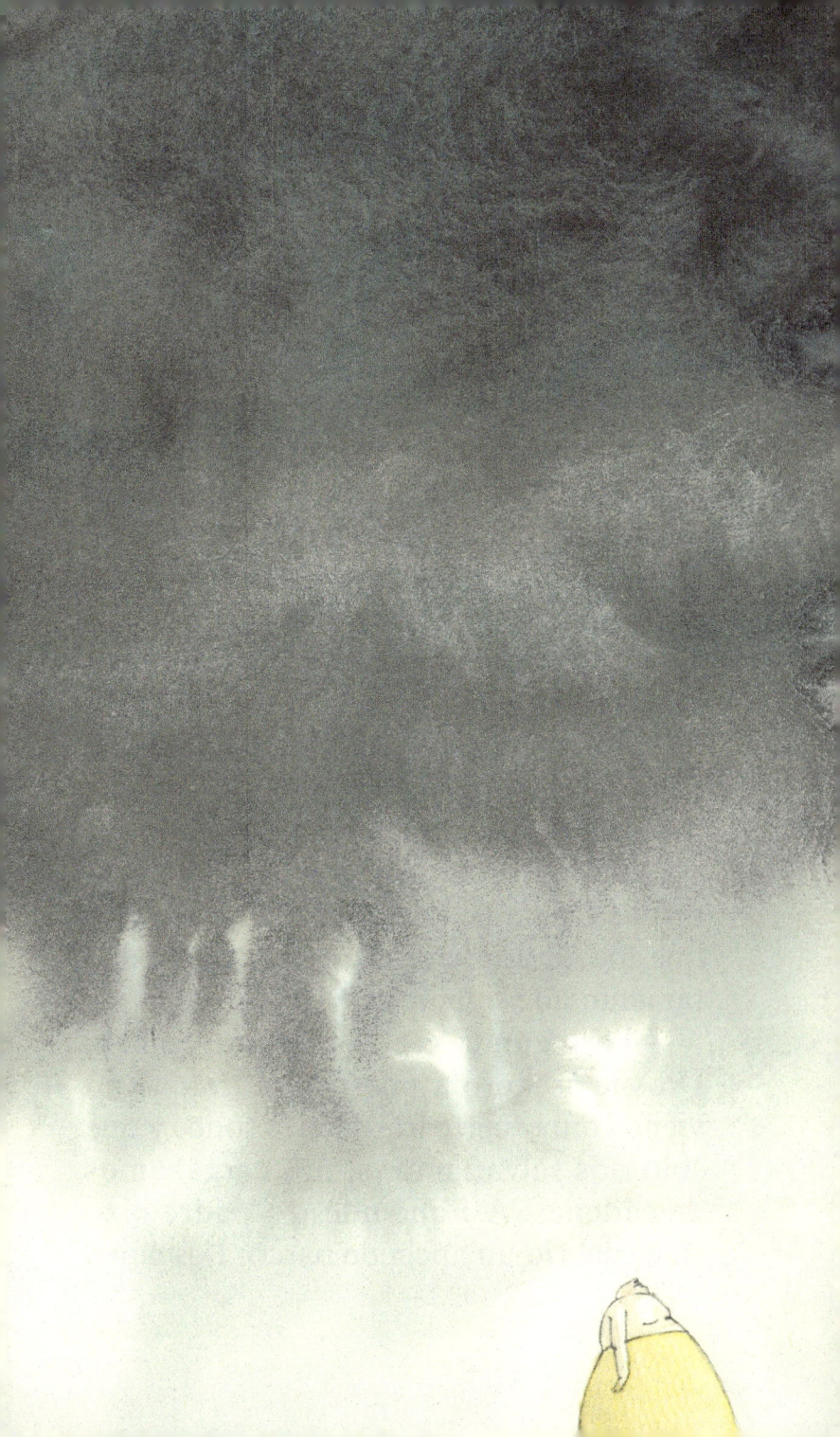

—Fue hace tiempo, cuando aún no habías nacido —me explicó— y yo tenía tu edad. Dios le anunció a nuestro padre que iba a provocar un gran incendio, que asolaría la tierra. Y nuestro padre hizo que nos metiéramos en el río, donde pasamos un día entero, con el agua hasta el cuello, sin que el incendio se presentara. Un poco más y nos salen escamas, como a los peces.

—Quizá lo entendí mal —argumentó papá—. Quizá el incendio solo era una metáfora, no algo que iba a ocurrir de veras.

—¿Qué es una metáfora? —pregunté.

Nadie se tomó la molestia de contestarme. Debía de ser una de esas palabras que los adultos emplean, sin saber exactamente qué significan.

—La segunda vez —continuó Sem—, Dios le aseguró a nuestro padre que un viento muy fuerte lo barrería todo, y que solo nos salvaríamos si nos cargábamos de cadenas. Así que nuestro padre hizo traer del río un ancla de barco. Los cinco nos encadenamos a ella, en el patio, y nos pusimos a esperar.

—No me acuerdo de eso —les dije—. ¿Qué edad tenía yo?

—Cuatro o cinco años —me respondió Sem—. Creías que estábamos jugando.

—¿Y no hubo viento?

—Ni una ráfaga en todo el día. ¡Si hasta los vecinos venían a reírse de nosotros!

—Creo que lo que Dios hizo entonces fue ponerme a prueba —intervino papá, pensativo—. Al ver que nos echábamos al río y que nos encadenábamos al ancla, supo que yo le obedecía, que creería en cada palabra suya. Después de eso, ¿para qué iba a provocar el incendio universal o el viento que lo arrasaría todo? Pero ahora es distinto. Dios nunca me había dado unas instrucciones tan precisas. Ya no necesita ponerme a prueba. Sabe que haré lo que me pida.

—¡Menos mal que nadie puede construir un arca tan grande, y menos en cuarenta días! —exclamó Sem.

El rostro de papá se animó de pronto.

—¿Cómo lo sabes, si no lo has intentado? —preguntó—. ¿Acaso no somos sumerios? ¿No tenemos un sentido especial del orden, que nos ayuda a organizarnos? ¿No vivimos en Uruk, la ciudad más grande y poderosa de la tierra? ¿No hemos construido una torre altísima, que llega a las nubes? ¿No hemos inventado la escritura, las matemáticas, los códigos de leyes?

Sem nos miró de uno en uno, a Cam, a mamá y a mí, como si buscase ayuda. Luego se volvió hacia papá.

—Piénsalo bien, padre. ¿No es posible que Dios te esté poniendo a prueba otra vez, y que ahora tampoco vaya a hacer el diluvio?

Papá volvió a carraspear.

—¿Y no es posible, hijo mío, que esta vez sí vaya en serio? ¿Vamos a desoír a Dios y a dejar que nuestra especie perezca, solo porque en otro tiempo las cosas no ocurrieron exactamente como pensábamos? Dios me ha ordenado que construya un arca, y voy a hacerlo. Si no queréis ayudarme, lo haré yo solo.

Mamá le cogió de la mano.

—Cuenta conmigo, Noé. Yo creo en ti. Aunque tampoco esta vez hubiera diluvio, no me importaría.

—¡Pero es que lo habrá! —protestó papá con aire desafiante.

Mis hermanos parecían indecisos entre el deseo de ayudarle y el miedo a hacer el ridículo.

—¿Iríamos todos? —preguntó Sem—. ¿Cam y yo y nuestras familias? Quiero decir, si construimos el arca.

—Aunque no me ayudarais, os pediría que vinieseis —afirmó papá.

—¿Y la prima Inana? —pregunté.

Mi madre sonrió, como solía hacer siempre que yo la mencionaba.

—Falta que ella y los tíos quieran venir —dijo.

Decidí preguntárselo en cuanto la viera.

—Sería más sencillo construir varias embarcaciones pequeñas, en vez de una grande —propuso Cam con mucha sensatez—. Incluso podríamos comprarlas.

Papá no quiso escucharle.

—Dios me dijo un arca —insistió—, no una flotilla.

Mis hermanos accedieron al fin, aunque a regañadientes, y enseguida papá empezó a organizarnos.

—Hay que darse prisa. Tú, Sem, harás acopio de madera, hablarás con los mejores carpinteros y me ayudarás a construir el arca. Tú, Cam, te encargarás de capturar a los animales. Una pareja de cada especie, no lo olvides. Tú, Jafet, dejarás la escuela y cuidarás a los animales que Cam vaya trayendo, hasta que llegue el momento de subirlos al arca. Tú, esposa mía, velarás por todos nosotros, como has hecho hasta ahora. Y yo me encargaré de supervisarlo todo, de reunir las provisiones y de llevar las cuentas.

¡Dejar la escuela! Me quedé atónito. Primero querían que fuese escriba, luego me reñían por llegar tarde y ahora me decían que podía faltar cuanto quisiese.

Esa tarde fui a ver a Inana. Nos sentamos en su patio, junto al estanque. Aún hacía calor. En el agua, las ranas apenas asomaban los ojos saltones, y los peces se ocultaban bajo las hojas de los nenúfares.

Se lo conté todo: que Dios le había hablado a papá desde una zarza y le había dicho que iba a enviarnos el diluvio universal, que podríamos salvarnos si construíamos un arca en el plazo de cuarenta días, que también teníamos la obligación de embarcar con nosotros una pareja de animales de cada especie, para evitar que se extinguiesen.

—Si acabamos el arca a tiempo, ¿te vendrás conmigo? —le pregunté.

Las pestañas de Inana se alzaron con suavidad y sus ojos grandes, oscuros, me miraron fijamente.

—Es la historia más hermosa que me han contado —dijo—. Por nada del mundo me perdería el resto.

3
LOS LEONES DEL REY

Al día siguiente fui a la escuela por última vez.

—¡Jafet, primo dormilón! —me saludó Inana, desde la puerta de su casa—. ¿Qué has hecho hoy para levantarte temprano?

Le conté que casi no había podido dormir. Me había pasado la noche pensando en el arca y en los animales que tendría que cuidar. ¿Sabría alimentarlos? ¿Me llevaría bien con todos ellos? ¿Y cómo podría estar seguro de que no nos olvidábamos de alguno?

—Es un trabajo muy difícil —le expliqué a Inana—. Imagina que las arañas o las serpientes desaparecen por mi culpa.

Como yo esperaba, mi prima hizo un gesto de desagrado.

—Yo que tú no me preocuparía por esos bichos —dijo—. Son asquerosos. A mí me gustan los animales con los que puedo jugar, como Kun.

Kun era una gata esbelta y moteada, de ojos brillantes, que siempre estaba atrapando ovillos de lana.

—Hay gente que juega con las serpientes y con las arañas —dije, acordándome de los encantadores de serpientes y de los domadores de arañas, que mostraban sus habilidades en la plaza del mercado—. Solo es cuestión de práctica.

—¿Ah, sí? Pues apuesto lo que quieras a que tú no te atreverías a tocar una de esas grandes arañas peludas.

—Ya sabes que no nos dejan apostar nada —dije.

La verdad es que a mí también me asustaban un poco las arañas y las serpientes. Pero en algún momento tendría que tocarlas y hasta que alimentarlas, si pretendíamos que estuviesen en el arca.

Dejé a Inana. En la calle, las tiendas empezaban a abrir y algunos vendedores pregonaban su mercancía. Aunque tenía tiempo de sobra, me adentré en el parque. Habían ocurrido muchas cosas desde el día anterior, y pensaba que la prohibición de papá ya no valía para mí.

Las palomas proseguían sus revoloteos junto a la fuente.

—¡Alto ahí, niño! —gritó una voz.

Me di la vuelta. El profeta de la mancha en la cara se me acercó y alargó hacia mí un brazo huesudo.

—Déjeme, ¿quiere? —le pedí, mientras intentaba mantenerme alejado.

—Tienes prisa por llegar a la escuela, ¿eh? Pues te contaré algo. ¡El fin del mundo está cada vez más cerca!

Hablaba como si ya hubiera olvidado nuestro primer encuentro.

—Lo sé —le dije—, pero yo voy a salvarme. Me embarcaré con mi familia y me salvaré.

—Embarcaros no os servirá de nada. Nadie puede escapar a su destino.

—Yo, sí.

El profeta me miró con los ojos muy abiertos, como si mi actitud le desconcertase, y empezó a retroceder.

—¡Adiós, niño, adiós! Tú y yo no volveremos a vernos. El mundo puede acabarse hoy mismo, o mañana.

—¡No! —repliqué—. No será antes de cuarenta días.

Seguí mi camino, rumbo a la escuela.

—¡Jafet, hijo de Noé, hoy eres uno de los primeros! —me saludó el hombre de la vara.

Entré en el aula. A medida que iban llegando mis compañeros, les contaba que ya no volvería a clase y que mi familia iba a construir un arca para escapar del diluvio.

Nadie me creía, claro. Tampoco yo les habría creído, si me hubieran venido con esa historia.

—Acuérdate de las hormigas —me dijo Dumuzi—. El mundo no sería lo mismo sin ellas.

—Me acordaré, no te preocupes.

Cuando entró Nanasig y se sentó a su mesa, le entregué una tablilla que papá me había dado para él.

La leyó dos o tres veces con cuidado, se acarició la barba roja y me dijo:

—Jafet, hijo de Noé, desde ahora mismo quedas libre de tus obligaciones en esta escuela. Dejo que te vayas porque tu padre me lo pide, pero más te valdría seguir tus estudios. Como bien sabes, todo está en las tablillas. Y las tablillas hablan de los diluvios del pasado, pero no nos dicen que vaya a haber diluvios en el futuro.

Le conté que mi padre sabía lo del diluvio de buena fuente, que Dios, su dios particular, había hablado con él y le había avisado.

Nanasig volvió a acariciarse la barba, pensativo.

—Dile a tu padre de mi parte que no debería seguir los consejos de un solo dios. Un solo dios puede equivocarse. Por eso es mejor adorar a varios. Ya puedes irte, si quieres. Recuerda siempre lo que aprendiste aquí.

Ya en la calle, di un salto de alegría. La rutina de la escuela y los golpes de vara quedaban atrás. A partir de entonces, cada día sería nuevo, distinto.

Cuando le transmití a papá las palabras de Nanasig me dijo que Dios, su dios particular, era el único verdadero. Los demás dioses, los de los templos, solo eran estatuas de grandes ojos. ¿Qué consejos podían darle? Las estatuas ni siquiera hablaban. Estaban completamente mudas.

—Y ese Dios, ¿es también mi dios? —le pregunté.

—Es el dios de todos los que creen en él.

—¿Y no tiene imagen?

—No.

—Entonces, ¿cómo puedes saber que existe?

Papá se quedó pensando.

—¿Has visto ballenas alguna vez? —me preguntó.

—No, todavía no. Ya sabes que ni siquiera he visto el mar.

—Pero, ¿crees que existen?

—Conozco a personas que las vieron. Sem, por ejemplo. Me dijo que eran grandes como montañas.

—Y tú das por bueno lo que Sem te contó. Pues esto es lo mismo. Yo tengo fe en mi dios particular, aunque tampoco lo he visto nunca. Me basta con oír su voz. Por cierto, Jafet, ¿has empezado ya esa lista?

No, no la había empezado. Era mi primera tarea en relación con el arca: hacer una lista de los animales que llevaríamos.

Así que tomé una tablilla, tracé las líneas de costumbre y empecé a escribir.

Primero, puse los animales domésticos: los perros, las ovejas, los camellos. Luego, seguí con los animales pequeños de muchas patas: las moscas, las arañas, los ciempiés. Después, con los animales sin patas: los gusanos y las serpientes de diferentes especies. Añadí los animales con plumas: las águilas, las palomas, los avestruces.

Pensé que los animales acuáticos se las arreglarían solos cuando llegara el diluvio, y que no corrían demasiado peligro. Los peces y los cangrejos, por ejemplo, apenas lo notarían. Tendrían, eso sí, más lugares adonde ir.

Eso simplificaba las cosas. Porque, ¿cómo hubiéramos podido cuidar y alimentar a los tiburones o a los pulpos, por no hablar de las gigantescas ballenas?

Papá no estaba seguro.

—Dios me dijo: «dos animales de cada especie» —insistía—. No me dijo que me olvidara de los animales acuáticos.

Pero mis hermanos, que estaban de acuerdo conmigo, le aseguraron que los animales acuáticos se salvarían de todos modos, aunque no viniesen con nosotros.

—Sobre todo —bromeó Cam— se salvarán si no los llevamos.

Los sapos y las ranas planteaban un problema distinto, porque vivían en el agua, pero también en tierra. Lo discutimos y decidimos llevarlos.

En otra tablilla puse los animales menos conocidos, propios de lugares remo-

tos: los tigres, los elefantes, los rinocerontes.

Dejé un espacio en blanco para algunos que sin duda estaban por descubrir, y que Cam tendría que encontrar y traer.

Fue Sem quien se acordó de que a veces, en sus barcos, había llevado a unos hombres que volvían de lejanas tierras con animales enjaulados. Eran los proveedores de la colección real.

Acordamos que papá le pidiese audiencia al rey Sargón, ya que de todos modos necesitábamos su autorización para construir el arca. Si nos permitía ver su colección de animales, yo podría aprender sus nombres y añadirlos a mi lista.

Una mañana nos dirigimos al recinto real, que abarcaba gran parte de la ciudad de Uruk. Allí estaban el palacio de infinitas habitaciones, la torre altísima, los jardines privados de Sargón y su colección de animales.

A cada paso que dábamos hacia la torre, yo me sentía cada vez más pequeño.

Desde abajo, la enorme mole parecía oscurecer el cielo.

Llegamos a un patio enlosado. Tres puertas en arco daban acceso al salón del trono. Entramos por la más alta de ellas. Unos cortesanos armados nos abordaron y nos condujeron ante Sargón.

El rey, a quien yo nunca había visto antes, estaba sentado en un trono elevado y tenía expresión de aburrimiento. Llevaba un gorro corto y estrecho, collares de piedras de colores y una túnica floreada de mangas cortas. De él se decía que era amable y generoso con sus súbditos, pero muy cruel con sus enemigos.

Yo miraba de reojo a papá. Se arrodilló ante Sargón y le imité. Durante un buen rato permanecimos con la cabeza baja, hasta que se nos autorizó a levantarla. Advertí que la expresión de Sargón se había animado algo.

—Noé, hijo de Lamec, ya sabes que tus visitas siempre me complacen —le dijo a papá—. Anda, ponte en pie y preséntame a tu hijo.

Papá hizo grandes elogios de mí y de mis habilidades como aprendiz de escriba. Luego pasó a contar lo de Dios y el diluvio, y le pidió permiso a Sargón para construir un arca donde cupiesen todos los animales.

—No te invito a navegar con nosotros, ¡oh, rey de reyes!, porque por fuerza te sentirías a disgusto en un lugar sin comodidades, entre tantas bestias. Además —añadió, para mi sorpresa—, lo más seguro es que todo sea una falsa alarma, y no haya nada.

Sargón encontró la historia muy divertida y se entretuvo haciéndole preguntas a papá hasta que se cansó. Después mandó llamar a sus adivinos y les consultó sobre la proximidad de un diluvio.

Los adivinos se retiraron a hacer sus averiguaciones y conjuros. Mientras esperábamos el resultado, Sargón nos dio a probar un vino de dátiles. Tenía un sabor tan fuerte que me puse a toser y pedí agua, lo que hizo reír mucho al rey.

Cuando volvieron los adivinos, el más viejo de ellos habló así:

—Hemos consultado las sartas de cuentas, los palillos, el vuelo de los pájaros y las conchas de tortuga. No hay señal en el cielo, ni en las aguas ni en la tierra de que vaya a ocurrir un diluvio, al menos durante tu reinado, ¡oh, rey Sargón!

—Ya ves —le dijo el rey a papá—. O mi reinado va a ser más corto de lo que imaginamos o tu dios se está burlando de ti.

—Preferiría que mi dios se burlara de mí —replicó papá cortésmente.

Sargón sonrió, complacido.

—Te diré lo que haremos. Os doy permiso a ti y a los tuyos para construir el arca junto al río. También os regalaré algunos animales. Tengo demasiados, y continuamente me llegan más de todos los lugares de mi imperio. Si tu dios se ha burlado de ti, nos uniremos a él y disfrutaremos con la diversión. ¡Vaya ocurrencia, llenar un arca de animales!

—No esperaba menos de tu generosidad, ¡oh, rey de reyes! —replicó papá—. ¿Dejarás que veamos ahora tu colección y nos dirás qué animales podemos llevarnos?

De pronto, la sonrisa de Sargón se ensanchó. Me miró como si acabara de ocurrírsele una idea perversa, y presentí el peligro.

—Podéis llevaros todos los animales que elijáis —nos anunció—. Ya os he dicho que tengo demasiados. Pero añadiremos otra emoción. Si el diluvio no se produce en el plazo anunciado, tu hijo Jafet será arrojado al foso de los leones.

Estuve a punto de desmayarme al oír aquello. En cambio, papá no pareció alterarse.

—Que sea como dices —asintió.

Sargón se quitó uno de los collares que llevaba al cuello y me indicó por señas que me acercara. Fui hacia él muy despacio, para que no notara el temblor de mis piernas.

—Alegra esa cara —me dijo, riendo—. Es un collar muy bonito, y te dará suerte.

Evité su mirada mientras me lo ponía.

En efecto, era un collar muy bonito, con tres cuentas de cornalina y una de jade, pero yo estaba demasiado asustado para apreciarlo.

Sargón mandó llamar al encargado de su colección de animales, y le ordenó que nos la enseñase.

Cuando abandonamos el salón del trono, papá se volvió hacia mí.

—No te inquietes por esos leones —me advirtió, convencido—. Sargón no habla en serio. Solo quiere poner a prueba mi fe en Dios. Además, seguro que hay diluvio.

Lejos de tranquilizarme, la confianza de papá aumentó mi preocupación. ¿No podría ocurrir como las otras veces, que Dios prometiera algo y luego se arrepintiera? ¿Y no acababa de decirle él mismo al rey que sin duda se trataba de una falsa alarma?

Cuando se lo recordé, soltó una risotada.

—Lo he hecho para no desairarle —me explicó—. Imagínate que Sargón se empe-

ñara en venir con nosotros. Dios se enfadaría mucho, porque el rey no es uno de nuestros parientes.

La colección real estaba al otro lado de una larga muralla de ladrillo esmaltado, con relieves de toros y dragones. Había allí muchos animales que yo no había visto, y de los que ni siquiera había oído hablar. Procedían de todos los lugares del mundo. Algunos, que andaban sueltos por el parque, se nos acercaban con curiosidad. Otros se escondían a nuestro paso.

Había una manada de leones, separada de nosotros por un amplio foso. Dormitaban panza arriba a la sombra de unos árboles, y parecían inofensivos. Pero, cuando el hombre que nos acompañaba les lanzó unos pedazos de carne de caballo, se levantaron al instante, fueron hacia ellos y se los disputaron entre rugidos. Un macho saltó sobre otro, mostrándole los colmillos y las zarpas.

—¡Qué hambre tienen! —exclamé, aterrado.

—Es que sólo les damos de comer cada tres días —nos aclaró el hombre.

Vimos jirafas, flamencos rosados, tortugas gigantes y otros animales extraordinarios. Pero, por más que nos alejábamos de los leones, sus rugidos nos perseguían.

Esa noche, acostado en mi cama, continuaba oyéndolos en la distancia. O quizá era mi imaginación. Tenía que serlo, porque hasta entonces nunca los había oído desde el dormitorio.

Invoqué a todos los dioses conocidos y les pedí que, llegado el momento, diluviase. Entonces me acordé de mis amigos, Neti, Enki y Dumuzi, y me puse muy triste, pensando en lo que podría ocurrirles si de verdad se producía el diluvio.

4
La construcción del arca

Los carpinteros se echaron las manos a la cabeza cuando papá les habló de construir un arca gigantesca, con tres pisos y un tejado, que debía llevar a bordo todos los animales del mundo, desde los mayores a los más pequeños.

—Nunca se ha hecho una embarcación tan grande —se quejaron—. ¡Si al menos supiéramos las medidas exactas!

—Lo importante es que flote, que resista las olas y que no se venga abajo cuando la carguemos —les dijo Sem, que ayudaba a papá en los preparativos de la construcción.

Como aún no teníamos los animales, los distribuimos mentalmente, según su peso y tamaño. Los más voluminosos viajarían en la bodega, con las provisiones. Los medianos irían bajo la cubierta, en el entrepuente. Los animales alados y los más pequeños se hospedarían con nosotros en el pabellón superior, que se alzaría sobre la cubierta.

«Elige dos animales de cada especie, macho y hembra, para que tengan descendencia», le había dicho Dios a papá.

Lo difícil era saber qué entendía Dios por especie.

En la colección de animales de Sargón habíamos visto elefantes de orejas redondas como hojas de nenúfar, procedentes de Nubia, y elefantes de frente abombada de la India.

¿Había que conseguir una pareja de cada tipo o bastaría una pareja cualquiera de elefantes para representarlos a todos?

También había tigres blancos de ojos azules y tigres dorados de ojos color miel, y osos de muchos tamaños y formas distintos.

Pero, ¿qué diferencia real suponían unos dibujos diferentes en la piel o unos anillos más en la cola?

¿Era necesario, además de llevar al rinoceronte de dos cuernos, que vivía en el remoto continente del Sur, llevar al rinoceronte de un cuerno, que habitaba en las islas Orientales? Y, lo que me parecía más preocupante, ¿habría más especies de rinocerontes?

Precisamente mi hermano Cam había partido a averiguarlo, en un mercante de una sola vela que bajaba por el golfo, rumbo a la India. Llevaba consigo la lista de los animales que había en la colección de Sargón, y tenía intención de volver lo antes posible, con las parejas que nos faltaran.

Acotamos una zona del río para construir el arca y otra para instalar los animales que nos fuesen llegando.

Allí me mudé yo también, cambiando las comodidades de mi casa por una tienda de campaña y un camastro. Para protegerme de posibles peligros, dos sirvientes me acompañaban.

Había observado que de noche, cuando encendíamos las lámparas de aceite, aparecían centenares de insectos.

Primero acudían las mariposas nocturnas. Las más diminutas tenían un color tostado, y las mayores lucían manchas como los leopardos. Lo difícil era capturarlas antes de que se quemaran las alas.

Luego llegaban unos escarabajos negros, y otros rayados o con antenas largas y finas.

En las paredes de mi tienda, unas salamanquesas de lengua rosada acechaban a las mariposas nocturnas y a los escarabajos.

También estaban las mantis de grandes ojos, las arañas que se apostaban en las sombras y los sapos saltarines.

Aprendí a instalar trampas, a echar las redes.

Algunas noches imaginaba que el diluvio se producía, pero mis amigos embarcaban conmigo y se salvaban. Otras, que no se producía, y Sargón me arrojaba a sus leones.

Incapaz de dormir, me dedicaba a capturar un animal tras otro y a meterlos en cajas y jaulas de malla fina o de mimbre. Así fui recogiendo ratones, lechuzas, búhos y murciélagos.

De día, la infinita variedad de los pájaros me aturdía. De muchos de ellos ni siquiera conocíamos los nombres, y los llamábamos por sus trinos.

—¡Mira, un girr-girr!

O bien:

—¿Lo oyes? ¡Es un chip-chip-chip-chitib!

¿Llegaríamos alguna vez a capturarlos a todos?

Los sirvientes me ayudaban a vigilar las trampas, a poner a los pájaros en sus jaulas y a alimentarlos con grano o con insectos.

Mientras, papá, Sem y los carpinteros seguían discutiendo sobre si el arca debía llevar una vela, varias o ninguna, y sobre si necesitaba algún tipo de timón o de remos.

Después de todo, decían algunos, la embarcación no iba a ir muy lejos. Solo tenía que mantenerse a flote. Pero, preguntaban otros, ¿qué nos ocurriría si se formaban corrientes o grandes olas y nos arrastraban? Si no podíamos maniobrar, acabaríamos cayendo al abismo que se abría más allá de los mares.

Otro asunto que les preocupaba era la madera adecuada. Unos eran partidarios del abeto y otros del cedro. La disputa tenía poco sentido, porque tanto la madera de abeto como la de cedro solo se encontraban en la costa de Canaán, y no había tiempo para traerlas desde tan lejos.

Así, mientras hablaban sobre formas, tamaños y calidades, transcurrió una semana y luego otra.

Ya solo quedaban veinte días del plazo fijado cuando papá tuvo una revelación:

—¡Qué tontos hemos sido! —exclamó, y se golpeó en la frente con una mano—. No sé cómo no me he dado cuenta. No importa cómo sea el arca, ni si lleva velas y timón. Da lo mismo el tipo de madera.

Para salvarnos, Dios impedirá que se hunda.

—Puede que sí —dijo Sem—, pero primero tenemos que construirla. Y ha de ser lo suficientemente grande. Si no nos bastaban cuarenta días, menos podemos hacerlo en veinte.

Hasta papá pareció dudar.

—Aún así, habrá que intentarlo.

Acordaron que el arca mediría seiscientos codos de largo, cien de ancho y sesenta de alto. Eran unas dimensiones impresionantes, pero solo así podríamos estar seguros de que cabrían todos los animales. En cuanto a las maderas, se utilizarían maderas locales, el roble y la acacia.

Apenas puedo describir la satisfacción con la que vi cómo se cortaban los primeros tablones y empezaba a ensamblarse la quilla. Papá se había hecho llevar un sillón desde el que vigilaba los trabajos.

Al cabo de diez días, la quilla estaba casi terminada. Era la columna vertebral

en la que había que ir insertando las costillas de madera.

Pasaron otros nueve días. El arca aún no llegaba a tomar forma, y Cam no había vuelto de su viaje.

Papá, que estaba cada vez más inquieto, desapareció al mediodía. Regresó al anochecer, carraspeó y le dijo a Sem:

—Tenías razón. No había tiempo. Por eso he ido a hablar con Dios.

—¿Y? —le animó Sem.

—Me ha dado cuarenta días más.

—Al menos ahora lo habrás visto.

—No, tampoco. Solo he hablado con él.

—¿Y te ha dicho que nos daba otros cuarenta días?

—No exactamente —contestó papá, muy serio—. Me he acercado a la zarza desde la que me habló la última vez, y le he explicado que estamos muy atrasados y que no podríamos acabar el arca a tiempo.

—¿Y qué te ha dicho él?

—No me ha dicho nada. Le he explicado eso, y me he ido.

—¿Y cómo sabes que te ha escuchado?
—Lo sé, simplemente. Tranquilos, mañana no habrá diluvio.
—¿Así de fácil? —insistió Sem.
—Pues sí, así.
—¡Cuarenta días! Ya puestos, podrías haberle pedido al menos cien.

Al día siguiente todos nos dedicamos a mirar el cielo, buscando señales de lluvia.

No llegaron, pero a media mañana bajó por el río una barca real, con cinco remeros y una vela amplia, a la manera egipcia. Al verla de cerca, el corazón me dio un vuelco.

Era Sargón. Estábamos tan ocupados últimamente que nos habíamos olvidado de él.

Me pregunté si habría venido a recogerme y si no debía echar a correr. Papá, adivinando mis pensamientos, negó con la cabeza.

Busqué el collar con la mano, para asegurarme de que lo llevaba puesto.

La barca atracó junto al armazón del arca. Nos arrodillamos y el rey descendió, con el cetro en la mano. Llevaba una túnica morada y un gorro blanco, y le seguían altos dignatarios. Contemplaron el resultado de nuestro trabajo con interés.

Luego, Sargón se sentó en el sillón de papá.

—Noé, hijo de Lamec —dijo—. Solo veo parte del esqueleto de un arca enorme. ¿No debía estar más avanzada? Y, lo que es aún más importante, ¿no era hoy cuando tenía que llegar el diluvio?

—Dices bien, ¡oh, rey de reyes!, era hoy. Pero Dios, en su infinita sabiduría, nos ha dado cuarenta días más.

Sargón se echó a reír.

—Eres un hombre astuto, Noé —dijo—. Sabes que yo no puedo mostrarme menos generoso que ese Dios tuyo. Cuando quieras, ven a recoger los animales que me pediste.

Me buscó con la mirada, me enseñó los dientes e hizo un movimiento rápido con un brazo, como si me diese un zarpazo. Después, soltó otra carcajada y se dirigió a la orilla.

Al ver que la barca se alejaba río arriba, Sem me dio una palmada en la espalda.

—De buena te has librado —me dijo.

5
EL ZOO DE JAFET

El arca crecía, se elevaba, iba tomando la forma de un cascarón gigantesco.

Una tarde, Inana vino al campamento con sus padres. Se plantó ante las jaulas de los pájaros y me señaló uno, que tenía el pico amarillo con la punta negra.

—¿Cómo se llama ese de ahí?

—Es un gip-gip-gip.

Me miró con extrañeza.

—¿Y aquellos dos, los que están en el palo?

—¿Cómo, no lo sabes? Son una pareja de ju-ju-juus —le dije, imitando su gorjeo.

Mi prima se echó a reír.

—Me estás tomando el pelo.

En aquel momento, animados por mi imitación, los ju-ju-juus emitieron su canto característico:

—¡Ju-ju-juu! ¡Ju-ju-juu!

—¿Lo ves? —le pregunté a Inana, y se echó a reír.

Luego saqué de una caja una araña peluda y dejé que correteara por uno de mis brazos.

Era una araña amaestrada. Se la había comprado a un domador de arañas, en la plaza del mercado.

—¿Te das cuenta? —le dije—. Todo es cuestión de práctica.

—¿Me la dejas?

Cogí la araña y la deposité en su brazo. Inana la acarició con un dedo, muy despacio. La araña levantó algunas patas y se quedó quieta, como si disfrutara.

—Tienes razón —me dijo—. También se puede jugar con ellas.

Devolvimos la araña a su caja, donde se reunió con su pareja.

En una jaula había un gato de los pantanos, un animal de color pardo con muchas rayas negras, como un tigre pequeño. Tenía un aspecto inocente y nos miraba con sus grandes ojos azules, como pidiéndonos que lo sacáramos.

—¡Qué gato tan bonito! —exclamó Inana—. ¿Por qué lo tienes encerrado?

—¡Cuidado! —grité, pero mi prima ya había introducido una mano entre los barrotes y la retiraba con una mordedura en el pulgar.

El gato de los pantanos recuperó enseguida su aspecto inofensivo.

—¿Lo entiendes ahora? A mí me hizo lo mismo el otro día.

Inana se chupó la herida.

—¿Tiene nombre? —me preguntó.

—No.

—Demonio le iría bien. ¿Solo tienes uno?

—De momento, sí. Solo hemos capturado al macho. Pero tendré que soltarlo si sigue sin comer.

—¿No come?

—No. Está tan enfadado que no prueba nada.

No hablamos más sobre el gato salvaje, pero a la tarde siguiente Inana volvió con una cesta.

—¿Qué traes ahí? —le pregunté.

Levantó la tapa y reconocí la cabeza moteada de su gata, Kun.

—Se me había ocurrido que podía llevarse bien con Demonio.

—Kun no es una gata de los pantanos —protesté—. Demonio, como tú le llamas, es capaz de matarla.

—Quizá lo haga si la ponemos en la jaula donde está él. Pero, ¿qué tal si lo hacemos al revés? ¿Tienes alguna jaula vacía?

—Tengo varias.

Kun ronroneaba y se frotaba contra las piernas de Inana.

Encontramos la jaula adecuada y pusimos a la gata dentro. Cuando pensamos que se había acostumbrado, cogí con cuidado a Demonio, que gruñía y daba zarpazos al aire, y lo empujé al interior de la jaula de Kun.

La gata se mostró encantada. Se acercó al enfurruñado Demonio y se frotó contra su cuello, ronroneando muy alto.

Sorprendido por el recibimiento, el gato salvaje se retiró a un rincón.

Entonces introduje en la jaula un cuenco con leche. Kun se puso inmediatamente a beber. Al cabo de un rato, atraído por el ruido que ella hacía, Demonio se le aproximó y bebió también.

Inana me miró con expresión de triunfo. Pensé que era muy hábil con los animales, y me alegré aún más de que nos acompañara en el arca.

Desde entonces, Kun y Demonio, la gata casera y el gato de los pantanos, durmieron abrazados el uno al otro. Y mi prima empezó a venir casi todas las tardes.

Pronto tuvimos que ampliar la parte del campamento destinada a los animales, porque mi hermano Cam volvió con un cargamento fabuloso: rinocerontes de una especie desconocida, ciervos, faisanes y panteras negras.

Un comerciante indio le había vendido también, a un precio muy alto, varias pa-

rejas de animales procedentes de otras tierras, aún más remotas. Uno de ellos era un mono de piel dorada, con una nariz larga y colgante, que descendía sobre el labio superior como un gancho. La hembra tenía la nariz algo más corta. Nos miraban a la cara y arqueaban las cejas como si nuestro aspecto les resultara poco agradable.

—¿Será que nos encuentran feos? —le pregunté a Inana.

—Seguro. No somos lo bastante narigudos para ellos —me contestó, risueña.

Cuando les dábamos un racimo de dátiles, la expresión de los monos narigudos cambiaba y se volvía menos altanera.

Cam creía que, para estar seguro de que llevábamos a bordo animales de todas las especies, tendría que hacer al menos dos viajes más, uno al lejano continente del Sur y otro a los desiertos y a las altas montañas que se alzaban más allá de Elam.

Papá se impacientó. Si esperábamos a que Cam se fuera y volviese tantas veces, habría que pedirle a Dios nuevos aplazamientos. Sem suspiró y dijo:

—De todos modos habrá que pedirlos. Ni siquiera hemos completado la mitad del arca.

Miramos el armazón y tuvimos que admitir que era cierto. Pese a los esfuerzos de los carpinteros y a la determinación de Sem y de papá, solo la bodega podía considerarse acabada.

Así que papá volvió a dirigirse a la zarza y le pidió a Dios un nuevo aplazamiento de cuarenta días.

Cuando le preguntamos por qué no pedía más, nos explicó que, si lo hacía, Dios se cansaría y provocaría el diluvio sin esperarnos.

Cam decidió arriesgarse y partió hacia el remoto continente del Sur. Mientras le veía alejarse río abajo, pensé cuánto me hubiera gustado cambiarme por él. Para consolarme, Sem me dijo que algún día acabaríamos el arca, y que entonces me hartaría de navegar.

De nuevo llegó la barca real. Con expresión de contrariedad, porque no esperaba un nuevo aplazamiento o porque consideraba que la construcción iba demasiado despacio, Sargón inspeccionó los trabajos y escuchó las explicaciones de papá.

Vio también mi colección de animales, y se asombró de que intentara salvar a los más pequeños.

—¿Para qué salvar a los escarabajos o a los topos? —me preguntó—. Solo los animales grandes, como los leones, son importantes. Hoy los míos se han quedado con hambre.

Le miré de reojo y vi que sonreía maliciosamente.

No me atreví a decirle que para mí, como para mi amigo Dumuzi, los animales pequeños también son importantes.

Papá tuvo que pedir otro aplazamiento, y luego otro más.

No solo corríamos el peligro de que Dios, harto de nuestros retrasos, provocara el diluvio de una vez, sino también el de que decidiera olvidarse de nosotros y dejarnos sin diluvio. Y yo acabaría en el foso de los leones.

Papá no quería pensar siquiera en esa posibilidad.

—Pase lo que pase, seguiremos juntos —me decía.

Por fin, al cabo de un tiempo que a todos nos pareció demasiado largo, Cam regresó con su velero cargado de animales exóticos: gorilas, cebras, puercoespines. Trajo unas ranas gigantes, que comían ratones, y unos antílopes enanos, que no eran mucho mayores que aquellas ranas.

En los bosques de una isla, cerca del continente del Sur, Cam había encontrado unas palomas muy gruesas, con el pico ganchudo, que no volaban. Se movían con ademanes pomposos y me recordaban mucho a Nanasig, mi maestro. Las llamamos dodos porque su canto sonaba así:

—¡Dodo, dodo!

Esta vez nos costó aún más acomodar a todos los animales recién llegados.

En cuanto al arca, ya estaban terminadas la proa, la popa y la mayor parte de la cubierta.

Era tan grande, aún sin acabar, que el propio Sargón empezó a sentirse impresionado. Ya no esperaba a que terminase un nuevo plazo, y venía con mayor frecuencia para vigilar nuestros progresos.

Cuando me di cuenta de que Cam estaba preparando su último viaje, pedí que me dejaran acompañarle.

—Nunca he salido de Uruk —dije—. Me gustaría ver algo de la tierra, antes de que se inunde del todo.

—Hijo mío, te necesitamos —objetó papá—. Solo tú sabes cuidar de los animales que tenemos. ¿Qué será de ellos si te vas?

Le contesté que nuestros sirvientes los cuidarían tan bien como yo, y que si alguno se negaba a comer podían llamar a Inana, que conocía muchos trucos.

Papá se resistía, pero Sem y Cam me apoyaron.

—Deja que venga —le pidió Cam, y me guiñó un ojo—. Mientras esté fuera, Sargón no le hará daño.

Cuando le conté que me iba, Inana se enfurruñó un poco. Le pedí que nos acompañara, pero sus padres no lo consintieron.

Días después nos embarcamos. El diluvio podía aplazarse eternamente o precipitarse de pronto sobre nosotros, pero antes yo tendría mi pequeña aventura.

En la tripulación había cazadores expertos y gente del mar y de la ribera.

Un viento indolente nos empujaba. Nos cruzamos con barquillas de cuero, con balsas de cañas y con piraguas de madera cargadas de pescado.

—Cuando llegue el diluvio, los peces tendrán toda la tierra para ellos —me dijo Cam, y añadió—: Si llega.

Yo estaba exultante. Tumbado en la proa, con la cara pegada al casco, sentía como si yo mismo fuera el velero y estuviese abriéndome paso hacia el mar. Saludaba a las otras tripulaciones y a las personas que se afanaban en las orillas. Cuando me devolvían el saludo, imagi-

naba que era una despedida y que nunca volvería a verlas.

Al acabar el día, el aire se hizo más fresco y empezó a oler de otro modo. Las orillas se separaron y las aguas se hicieron más azules y transparentes.

De pronto me di cuenta.

—¿Estamos en el mar?

—Desde hace rato —me contestó Cam, divertido.

Dejó caer un cubo atado a una soga y lo recogió lleno de agua. Di un buen trago y enseguida me arrepentí, porque tenía un fuerte sabor a sal.

El viaje, el mar. Todo sucedía por primera vez, al menos para mí. Ya no tendrían que contármelo.

Pero nuestro objetivo no era adentrarnos en el océano. Durante días fuimos costeando, mecidos por las olas, hasta encontrar la desembocadura de otro gran río.

Lo remontamos. El aire era cálido, espeso. La vegetación se agolpaba en las orillas. Las gentes que ahora nos saludaban tenían la piel muy morena y el pelo rizado, y vestían de colores más vivos.

De noche, echábamos el ancla en medio del río y escuchábamos los ruidos de muchos animales, ocultos en las sombras, que acudían a beber.

Desembarcamos en una población llamada Sokte, creo. Había crecido al amparo de un bosquecillo, pero más allá, hacia el interior, se extendía el desierto. Unos mercaderes nos vendieron unos camellos y la expedición se dividió. Un grupo se dirigió a las montañas y el otro, en el que estábamos Cam y yo, se quedó a explorar el desierto.

Parecía un lugar poco apropiado para encontrar animales. Por eso me sorprendió que hubiese tantos.

La arena era del mismo color que los camellos. Al sol tenía destellos de plata y en la sombra adquiría un tono rosado, que se volvía azul al anochecer.

Los cazadores nos enseñaron a leer en la arena como en una tablilla. Unas huellas en forma de bastón significaban la proximidad de una serpiente, que se desplazaba de costado. Una estrella desdibujada indicaba el lugar donde un halcón se había lanzado desde el cielo, capturando a algún pajarillo. Collares de huellas pequeñas y regulares delataban, según el tamaño, a los escarabajos, los lagartos o las tortugas del desierto.

De madrugada, nos dedicábamos a cazar pájaros. Luego, montábamos en los camellos y oteábamos el horizonte. Perseguíamos a las avutardas, a los caballos salvajes y a los antílopes de largos cuernos, que eran muy esquivos. Cuando nos cansábamos, nos sentábamos en el suelo. La sombra de los camellos nos protegía del sol.

Un día, divisamos un animal gigantesco.

—¿Qué es? —le pregunté a Cam.

—No lo sé —me dijo, perplejo—. Me cuesta creer que haya animales tan grandes.

Preguntamos a los cazadores, pero ninguno lo conocía.

Al acercarnos nos miró sin temor y siguió mordisqueando las hojas de un árbol.

Tenía la piel gris y la forma de un rinoceronte de patas largas y robustas, pero era el doble de alto que un elefante. A su lado, el árbol parecía un matorral cualquiera.

—Nunca podríamos llevarlo hasta Uruk —dije.

—Y si lo lleváramos —aventuró Cam— se hundiría el arca.

—Además, solo hay uno. Nos faltaría la pareja.

Nos dolía prescindir de un animal tan grande y misterioso, que parecía un superviviente de tiempos pasados, pero no podíamos hacer otra cosa.

Lo contemplamos durante mucho tiempo, hasta que nos lanzó una última mirada de despedida y se alejó.

—Ojalá se salve, si llega el diluvio —dijo Cam.

Decidimos no hablarle a nuestro padre de aquel animal, por miedo a que nos obligase a volver por él.

Semanas después, la otra partida regresó de las montañas con una pareja de leopardos de las nieves, dos cabras montesas y otros animales. Los metimos en las jaulas y partimos hacia Sokte. Allí acomodamos las jaulas entre la cubierta y la bodega.

En el viaje de vuelta me coloqué en la proa. Era lo mismo, pero imaginaba que iba más despacio y que de algún modo retenía mejor los lugares y las gentes.

Cuando llegamos a Uruk, el arca ya estaba casi terminada. Solo faltaba cubrirla de brea, para protegerla de las aguas.

Ni siquiera tendríamos que botarla. Bastaría con esperar el diluvio.

6
El diluvio

Tres días antes de que se acabara el plazo, comprobamos las jaulas y los compartimentos del arca. Nos aseguramos de que cada puerta cerraba. Luego empezamos a instalar los animales.

Los elefantes, los rinocerontes y otros animales pesados bajaron a la bodega por una rampa. Allí pusimos también los osos y los grandes felinos que el rey Sargón nos había regalado.

Con cierta aprensión me acerqué a la pareja de leones, que se movía de un lado a otro de su jaula. Pero estaban mucho más inquietos por la vecindad de los tigres que por mi presencia.

—¿Y las jirafas? —preguntó Cam de

pronto, desconcertado—. ¿Dónde van las jirafas?

La verdad era que nadie se había acordado de ellas.

Como el techo de la bodega resultaba demasiado bajo, recortamos unos tablones para que pudieran pasar sus largos cuellos.

El pabellón de cubierta tenía cuatro ventanas. En él, además de nosotros, viajarían los insectos, las aves, los murciélagos y algunos animales con los que teníamos una relación especial, como Demonio y Kun. No habíamos podido capturar más gatos de los pantanos, y la gata de Inana se había convertido en la compañera definitiva del irascible Demonio.

Para iluminar los pisos inferiores había que abrir las escotillas. Cuando la luz entraba por ellas se veían los ojos de los animales, sus bocas abiertas, los brillos de sus colmillos y de sus cuernos.

Habíamos cargado también una gran provisión de comida: sacos de trigo, legumbres, fruta, gallinas ponedoras de huevos, carne abundante y miel para las abejas y para nosotros. Llevábamos también cabras y vacas, para proveernos de leche.

Éramos trece: mamá, papá, mis tíos, Inana, las familias de mis hermanos y yo mismo. Sem y su mujer tenían dos hijos pequeños, y Cam y su mujer una hijita de cuatro años, Ningal, a la que había que estar vigilando siempre, porque adoraba a los animales y se empeñaba en tocarlos y acariciarlos a todos, incluso a los más peligrosos.

Algunos nos decían que el número trece daba mala suerte, pero a nosotros nos parecía una superstición. ¿Por qué el trece y no el doce o el catorce?

De vez en cuando, mis padres o mis hermanos se ponían tristes. Se acordaban de sus amigos, como yo, y se preguntaban si no podrían hacer una excepción con ellos y llevarlos a bordo. Pero la respuesta de papá era siempre la misma:

—Dios me dijo que el diluvio va a acabar con todos los hombres, menos conmigo y con mi familia. ¿Quién soy yo para llevarle la contraria?

El último día, repasando la lista, descubrí que aún nos faltaban dos de las especies más comunes, las palomas y las hormigas.

Pasé por el jardín público, puse un poco de grano en el suelo y atrapé con facilidad una pareja de palomas.

El profeta no estaba. Quizá se había mudado a un lugar más concurrido o había sido expulsado de Uruk.

Podía coger las hormigas en cualquier parte, pero preferí pedírselas a Dumuzi. Me dio un hormiguero entero, que guardaba en una gran caja. Lo utilizaba para observar sus costumbres.

—Me basta con dos —le dije.

—¿Dos hormigas? Llévatelas todas. Las hormigas solo se sienten bien cuando son muchas.

Le pregunté si no estaba preocupado por el diluvio.

—¿Por qué iba a estarlo, si van a embarcarse contigo?

Quería tanto a las hormigas que la seguridad de ellas le importaba más que la suya propia.

De todos modos yo no conocía a nadie que creyese realmente en la proximidad del diluvio, salvo papá. Mis hermanos creían, pero solo a ratos. A mí me hubiera gustado creer más. Deseaba con todas mis fuerzas que diluviara, para librarme de los leones de Sargón, y también que no lo hiciera, para tener la seguridad de que mis amigos continuarían viviendo.

Esa noche aún dormimos en tierra. A la luz de las antorchas, contemplamos el arca y dimos vueltas alrededor de ella. Estábamos muy orgullosos, más aún que de la gran torre. A fin de cuentas, la torre la habían hecho otros y el arca era obra nuestra.

Más que una embarcación parecía una fortaleza, firmemente asentada en tierra. Sus altos costados eran como las murallas del palacio de Sargón.

Cuando alguien dudaba de que pudiera flotar, papá decía:

—Flotará, con la ayuda de Dios.

A la mañana siguiente nos levantamos temprano y miramos al cielo, donde no había ni una sola nube. Recogimos nuestros enseres, nos despedimos con pesar de los carpinteros y de los sirvientes y subimos al arca, con el corazón encogido.

Inana y yo pasamos buena parte de la mañana alimentando a los animales y limpiando las jaulas y los comederos. Jugamos con algunos de ellos y comprobamos que estaban a gusto. Sin embargo, en la bodega hacía demasiado calor.

—El diluvio refrescará. La lluvia siempre lo hace —dijo Inana.

Cuando salimos a cubierta oímos el zumbido de millares de voces. Desde todos los rincones del imperio había llegado gente para asistir al espectáculo: artesanos, escribas, camelleros y altos dignatarios. Estaban a babor y a estribor, en todas partes.

Algunos llevaban comida y bebida, para distraer la espera. Por lo visto, el rumor de que habíamos terminado el arca

y de que aguardábamos el diluvio se había extendido con fuerza.

—¡Jafet, Jafet! —oí que me llamaban desde abajo.

Eran Neti, Enki y Dumuzi, que me saludaban agitando los brazos.

¿Qué hacían allí? ¿Era posible que hubieran faltado a clase para despedirse? No quería ni pensar en los golpes de vara que iban a recibir en cuanto volviesen.

Iba a invitarles a subir, pero mis hermanos ya habían retirado la pasarela y se negaban a bajarla de nuevo.

—No es por tus amigos —me explicaron—. Imagina que todos quieren subir y empieza a diluviar. ¿Cómo podríamos obligarles a que se fuesen?

Abajo, en la muchedumbre, alguien decía:

—Si el diluvio estuviese a punto de llegar, el rey lo sabría. Habría tomado medidas para salvar Uruk.

Me acordé de los adivinos reales, que le habían pronosticado a Sargón que no habría diluvio.

A media tarde el cielo seguía despejado. La gente empezó a burlarse.

—¡Noé, Noé! ¿Cuándo va a hacer llover tu dios?

O bien:

—¡Noé, haz que diluvie de una vez, que se acerca la hora de la cena!

Para evitarle aquella humillación a papá, mamá lo tomó de la mano y se lo llevó al interior del pabellón.

Entre los que más gritaban me pareció reconocer al profeta harapiento, pero estaba muy lejos y no distinguía la mancha de su rostro.

Mis hermanos se movían sin parar. Llevaban fardos de un lugar a otro y aseguraban la carga. Sin duda pensaban en las otras veces en que papá había seguido las instrucciones de su dios, y todo había sido en vano.

Observé que la gente se apartaba. Era Sargón, que acababa de llegar. Tenía un aspecto imponente, como siempre, pero nunca le había visto tan enfadado. Le acompañaban los soldados de la guardia real, armados con escudos y largas lanzas.

Se detuvieron al pie del arca y Sargón me señaló con su cetro:

—Es ese niño, el del collar. Subid a por él y cogedlo. Mis leones tienen hambre atrasada.

Volví a evocar sus rugidos, mientras se abalanzaban sobre la carne de caballo.

Pero sin la pasarela no podían alcanzarme.

—¡No dejes que te cojan, no dejes que te cojan! —gritaba Inana.

Mis hermanos fueron en busca de papá, que llegó enseguida.

—Te saludo, ¡oh, rey de reyes! —le dijo a Sargón—. Me honra mucho que hayas venido a ver el arca acabada.

—¡No he venido a ver tu arca, sino a llevarme a tu hijo! —tronó Sargón—. Mi paciencia se ha desbordado. Perdiste la apuesta, y Jafet es mío.

Papá miró al cielo, señaló al sol que declinaba y me abrazó con fuerza.

—¡Aún no ha terminado el día! —dijo.

En aquel preciso instante noté que una gota me caía en la frente, y luego otra. Pensé que eran las lágrimas de papá, que lloraba. Pero no. Una nube negra había llegado de nadie sabe dónde, y estaba descargando sobre nosotros.

Al principio caía una lluvia menuda, que poco a poco se fue haciendo más densa.

Sonó un trueno y fue como si las compuertas del cielo se hubiesen abierto. Grandes gotas estallaron en cubierta. Abajo, la gente empezó a gritar. Sargón y su guardia habían desaparecido. Busqué a mis amigos con la mirada y tampoco los encontré. La lluvia borraba los rostros, los cuerpos, las formas que huían.

Alguien me cogió del brazo.

—¡Corre, vamos dentro! —gritó Inana.

Llovía tanto que dentro del pabellón apenas se veía.

A la luz de las lámparas de aceite nos miramos unos a otros y nos contamos. Estábamos todos.

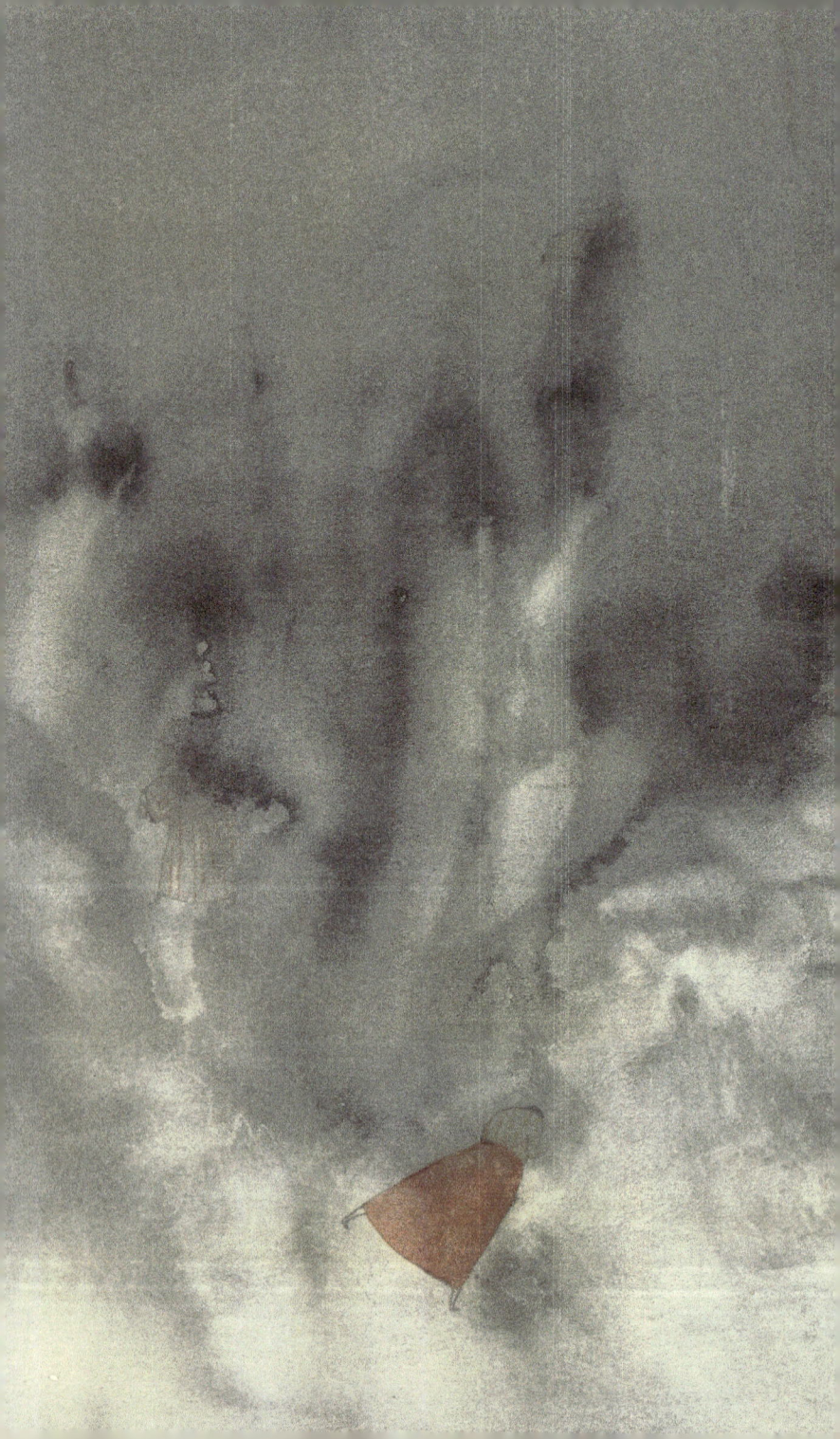

—¿Quién ha cerrado la puerta? —preguntó papá.

Nadie recordaba haberlo hecho.

—Entonces, ha sido Dios —dijo papá, muy serio.

La lluvia crepitaba con fuerza sobre el tejado.

Inana me tocó la mano.

—¿Has oído eso?

Sí, lo había oído.

Eran los gritos de la gente que se había quedado fuera, y que se superponían a los ruidos de la lluvia.

Nos acercamos a las ventanas, pero ya había anochecido y no vimos nada.

Me acordé de mis amigos y me puse a llorar. Sentía como si los hubiera traicionado. Inana pensaba en sus amigas y lloraba también.

Nos abrazamos para consolarnos.

Poco después, las voces del exterior se apagaron. Arrullados por la lluvia, nos quedamos dormidos.

7
El ancho mar

Al amanecer me despertó el griterío de las aves.

Lo primero que pensé es que se habían escapado de sus jaulas. Luego recordé que habíamos convertido parte del pabellón en un aviario, y comprendí que tendríamos que acostumbrarnos al griterío.

Cuando Inana abrió los ojos, se sonrojó al verme tan cerca.

Papá y mis hermanos ya estaban asomados a las ventanas. Nos hicieron un hueco y miramos al exterior.

Seguía lloviendo con fuerza. El río había crecido mucho, inundando los campos. Algunas calles de Uruk se habían inundado también, y los edificios parecían flotar sobre las aguas.

Me acordé de mis amigos y fui a abrir la puerta. Estaba atrancada.

—Será la humedad —aventuró Sem, y se acercó a ayudarme.

Pero no conseguíamos abrirla.

—Esperadme —dijo Cam—. Tres hermanos valen más que dos.

Aunque juntamos nuestras fuerzas, la puerta siguió sin moverse.

—Ya os dije que la cerró Dios —nos advirtió papá.

Por suerte, no necesitábamos salir a cubierta. Había escotillas que nos llevaban directamente a los pisos inferiores.

De pronto las aves redoblaron sus chillidos, y desde abajo se oyeron los rugidos y los trompeteos de otros animales. Se lamentaban como si presintiesen un peligro.

Un instante después, el arca se inclinó hacia un lado con brusquedad.

Algunas jaulas volcaron y todos nos fuimos a babor, dando traspies. Papá se cayó y mis hermanos lo levantaron. Luego, con la misma brusquedad de antes, el arca se inclinó hacia el lado contrario.

Hubo más bandazos. Mis sobrinos lloraban. Los animales aullaban, mugían, cacareaban, graznaban y hasta relinchaban.

La jaula de los murciélagos se abrió, y sus ocupantes se escaparon y empezaron a revolotear por el pabellón.

Inana y yo volvimos a abrazarnos, esta vez para no caer.

Lentamente, los bandazos se fueron calmando y dieron paso a un suave balanceo. Cuando miramos de nuevo por las ventanas comprobamos que el arca se había puesto a flote. Las aguas subían, y nosotros con ellas.

Por más que nos esforzamos, ni Inana ni yo pudimos reconocer nuestras casas.

El recinto real se había inundado. Mientras lo contemplábamos, el palacio de infinitas habitaciones desapareció por completo.

Una tras otra se sumergieron también las terrazas escalonadas de los templos.

Quedaba la torre altísima, que rozaba el cielo. Poco a poco, el agua fue cubriendo los pisos y las anchas escaleras de ladrillo.

Al final, solo sobresalía el templo supremo, que remataba la torre. Dentro estaban las estatuas de todos los dioses de Uruk, menos la del Dios de papá.

Costaba un día entero subir a pie hasta allí, pero llegamos a su nivel y lo rebasamos.

—¡Mirad, la torre se ha ahogado! —exclamó Ningal, mi sobrina.

Nos echamos a reír, aunque por dentro estábamos asustados.

Alrededor del arca se extendía un ancho mar, sin más límites que una cadena de montañas a lo lejos. Uno podía mirar por una ventana, y luego por otra y otra, y no ver sino agua y cielo oscuro.

Lo más asombroso era que seguía lloviendo, y no amainaba.

No había olas, al menos de momento, ni corrientes apreciables. Cierto que, como la ciudad entera había desaparecido bajo las aguas, nos costaba saber si permanecíamos en sus alrededores o nos alejábamos.

Fue mamá quien nos recordó que debíamos comer algo. Mis hermanos bajaron por una escotilla y volvieron con odres llenos de leche recién ordeñada. Mis cuñadas prepararon unas gachas.

En medio del pabellón había una plataforma con una base de arena, que era donde se mantenía el fuego encendido.

Después del desayuno, Inana y yo empezamos la ronda. Dimos de comer a las hormigas de Dumuzi y seguimos con los escarabajos, las mariposas y las arañas.

Las arañas comían babosas. Uno de nuestros problemas era saber si tendríamos suficientes babosas para alimentar a las arañas sin que se extinguieran las babosas.

No solo había que preocuparse por la alimentación, sino también por el agua. Algunos animales, como las ranas, la necesitaban para bañarse. Otros, como los elefantes y los tigres, la bebían en gran cantidad.

Limpiamos las jaulas de las aves y bajamos a los demás pisos.

Con las cuatro patas sólidamente asentadas en el suelo de la bodega, las jirafas asomaban la cabeza y comían el forraje de nuestra mano. Inana, que siempre había tenido cosquillas, se echaba a reír cuando notaba la caricia de aquellas lenguas largas y rasposas.

A la luz de las lámparas de aceite, los osos parecían medir el doble que bajo el sol. Echaban la cabeza atrás para atrapar la comida y masticaban con mucho ruido y chasquidos de labios. Luego, cuando veían que la ración se había terminado, daban un suspiro casi humano:

—¡Aaaay!

Era un trabajo agotador, en el que siempre había que estar atento. Una tarde, sin hacer ruido, Ningal bajó detrás de nosotros. Cuando la descubrimos, había metido un brazo en la jaula de los tigres y estaba dando golpecitos en la cabeza a un enorme macho.

—¿Qué hacemos? —preguntó Inana.

No me atrevía ni a moverme, por miedo a que el tigre se me adelantase.

Poco después, la propia Ningal retiró el brazo intacto.

Pensé que habíamos juzgado mal al tigre.

—Es como si supiera que lo hemos salvado del diluvio —dijo Inana.

De vez en cuando inspeccionábamos la bodega en busca de alguna filtración, pero no la encontramos.

Un día, el sol asomó entre las nubes y el mar se pobló de ondas y de charcos de luz.

Había dejado de llover.

—¿Qué es aquello? —me preguntó Inana, señalando unos surtidores que habían aparecido en el agua.

Solo Sem pudo responderle. Era un grupo de ballenas, que nadaba muy cerca de la superficie.

Mientras las observábamos, tres de ellas asomaron sus lomos relucientes y se pusieron a dar vueltas sobre sí mismas y a levantar oleadas de espuma.

Parecían estar celebrando el fin del diluvio.

—Tenías razón —admitió papá—. Nosotros no hubiéramos podido hacer nada por ellas.

Se sumergieron y volvieron a emerger, hasta que se cansaron.

«¡Esta es la historia más asombrosa del mundo, y la estoy viviendo!», pensaba yo a ratos.

Íbamos a la deriva, claro está. De noche, cuando brillaban las estrellas, Sem abría una ventana para que saliesen los murciélagos y buscaba la Polar para orientarse. Decía que nos desplazábamos muy poco, siempre hacia el este.

Al amanecer, los murciélagos regresaban aleteando y se colgaban del techo.

Nunca supimos lo que hacían fuera. ¿Volaban por el mero gusto de volar? ¿Buscaban nubes de insectos donde ya no existían?

Una mañana, Cam y yo vimos por la ventana un animal que nadaba despacio, agitando las patas. Tenía la forma de un oso, pero era completamente blanco y parecía mucho más largo.

—Nadie me dijo nada de un animal así —se lamentó Cam, frotándose los ojos.

Intenté tranquilizarle. Había hecho lo posible por cumplir el encargo de papá, y no era culpa suya si algún animal se había quedado fuera del arca.

Además, si aquel oso nadador había aguantado hasta entonces, seguramente también se salvaría.

Los monos y los loros grises eran los animales que más se aburrían en sus jaulas. A veces nos apiadábamos de ellos y los soltábamos para que se distrajeran.

Había un mono que se divertía tirando de la barba de papá, y un loro que se subía a mi hombro y picoteaba mi oreja o jugueteaba con el collar del rey Sargón.

Cuando llegaba el momento de devolverlos a sus jaulas, chillaban y pataleaban.

Pese a nuestras precauciones, más animales se escaparon. Los ratones royeron sus cajas de madera y los escorpiones aprendieron a abrir sus jaulas de malla fina.

Los ratones no nos preocupaban, pero durante algún tiempo Inana y yo tuvimos miedo de que los escorpiones fugitivos acabaran picando a alguien.

Al final nos olvidamos de ellos. Supongo que, del mismo modo que nosotros temíamos que nos picasen, los escorpiones temían ser pisados, y nos evitaban.

Un día, Inana se me acercó con su mejor sonrisa.

—¿A que no adivinas lo que ha ocurrido?

Como era incapaz de adivinarlo, me lo enseñó.

Kun había dado a luz cuatro gatitos, que aún no habían abierto los ojos. Dos eran moteados, como ella, y los otros dos eran rayados, como Demonio. Sin dejar de ronronear, el orgulloso padre le ayudaba a limpiarlos con la lengua.

—¿Te das cuenta? —me preguntó mi prima—. ¡Todos los gatos del mundo descenderán de ellos!

Tenía razón. Todos y cada uno de los animales que viajaban en el arca eran muy importantes.

Por eso nos inquietamos tanto cuando nos dimos cuenta de que el forraje y la carne estaban disminuyendo a gran velocidad. Y es que habíamos almacenado mucha comida, pero los animales grandes comían más de lo que habíamos esperado.

Dios le había dicho a papá que construyera el arca, pero no cuánto duraría aquella travesía.

¿Era posible que tuviéramos que quedarnos para siempre a la deriva, sin volver a pisar tierra firme?

Sin comida, las vacas dejarían de producir leche y las gallinas de poner huevos. ¿Qué haríamos entonces?

Ahora me acordaba de las palabras del profeta harapiento: «Embarcaros no os servirá de nada. Nadie puede escapar a su destino».

También papá estaba inquieto, pero no lo decía.

Sem consultaba las estrellas. Cada día, las montañas del Este estaban más cerca.

Cierta noche, mientras dormíamos, un gran golpe sacudió el arca. Al levantarme oí la voz de Sem.

—¡Tierra, tierra firme! —repetía.

También yo eché de menos, bajo mis pies, el suave balanceo que nos había acompañado hasta entonces. Pero, ¿cómo era posible que las aguas hubieran descendido con tanta rapidez, sin previo aviso?

Llenos de ansiedad, esperamos a que amaneciese.

Cuando el sol empezó a alzarse vimos, en lugar del horizonte marino, un paisaje desolador. Estábamos en la cumbre de una montaña. Y alrededor del arca sobresalían otras cumbres desnudas, rodeadas de agua por todas partes.

Papá asomó la cabeza y descubrió que habíamos encallado en una plataforma rocosa.

Intentamos salir a cubierta, pero la puerta seguía sin ceder.

En la bodega comprobamos que el casco había aguantado bien el golpe. El arca se había posado mansamente sobre la plataforma, como si se hubiera quedado varada en una playa.

Intentamos tranquilizar a los elefantes y a los rinocerontes, que estaban muy agitados y no paraban de resoplar. Los búfalos mugían, asustados y hambrientos, y las hienas emitían una risa sardónica.

Papá nos expuso la situación.

La comida no tardaría en acabarse. Si los dejábamos en el arca, los animales morirían de hambre. Y, si los soltábamos, muchos de ellos tampoco sobrevivirían en aquellas cumbres peladas, a menos que se devorasen entre sí. Y, en cuanto a nosotros...

—¡Tengo una idea! —exclamó de repente, y se llevó las manos a la cabeza como si tuviera miedo de que se le escapase—. Traedme uno de los cuervos.

Se lo llevamos. Era un ave magnífica, negra y brillante.

Papá cogió el cuervo, sacó el brazo por la ventana y lo soltó.

—Espero que sepas lo que haces —le dije, viendo cómo se alejaba y pensando que nos habíamos quedado sin la pareja.

Papá nos explicó que volvería, si no encontraba dónde posarse.

En efecto, el cuervo revoloteó sobre las cumbres desiertas y poco después entró por la ventana.

Al día siguiente, papá soltó una paloma. Tardó algo más, pero también regresó, y se posó en la cabeza de mamá.

Abajo, en la bodega, los animales parecían presentir el fin. Languidecían, cerraban los ojos y se acostaban.

¿Para aquello los habíamos salvado del diluvio, para darles una muerte más lenta y penosa, en la sofocante penumbra del arca?

Papá esperó otro día y soltó a la segunda paloma.

Pasó mucho tiempo. Cuando ya creíamos que la paloma se había perdido, apareció en la ventana y se posó en el marco, como si se resistiese a entrar en un lugar tan oscuro.

—¿Qué lleva en el pico? —preguntó Inana.

Era una hoja de olivo.

—Eso demuestra —dijo papá, exultante—, que algunos árboles ya han quedado al descubierto.

Inana y yo soltamos a la primera paloma y vimos cómo se reunía con su compañera, en el marco de la ventana, antes de remontar el vuelo.

Les deseamos que esta vez no volvieran, y que encontrasen un lugar suficientemente seco para poner su nido.

8
La vuelta a Uruk

A la mañana siguiente descubrimos que las aguas habían abandonado la proximidad de la plataforma rocosa. Más aún, se habían retirado de las montañas y solo permanecían en la llanura, en forma de pequeños lagos que centelleaban al sol.

Nos costaba creer que aquello hubiese ocurrido tan aprisa. Era como si alguien, sin avisar, hubiera quitado el tapón de una gran bañera.

—Solo podemos salir por aquí —anunció Sem, mirando la puerta del pabellón—. Así que tendremos que derribarla.

Los tres hermanos intentamos coordinar nuestros movimientos. Suponíamos que, si nos dejábamos caer sobre la puerta exactamente al mismo tiempo, cedería.

Papá negaba con la cabeza.

—Solo se abrirá si Dios quiere.

Ya nos disponíamos a cargar contra la puerta cuando Inana se nos adelantó:

—A ver, dejadme probar.

Apoyó una mano, empujó y abrió la puerta sin esfuerzo. La propia Inana se quedó sorprendida.

—Ha sido la voluntad de Dios —aseguró papá.

Pisamos la cubierta por primera vez desde el diluvio y miramos las cumbres vecinas y la llanura que se extendía abajo.

—En aquella dirección —dijo Cam, que conocía las montañas— está Uruk, o lo que queda de ella.

—Podríamos establecernos aquí y fundar otra ciudad —aventuró Sem.

—¿Y abandonar allí nuestras tierras y nuestras pertenencias? —preguntó papá.

—Como dice Cam, no sabemos si quedará algo —objetó mamá—. Y quizá nos resulte demasiado triste volver y no encontrar a nuestros amigos.

Seguimos discutiendo. Todos teníamos razones para regresar a Uruk y también para quedarnos. Finalmente, el recuerdo de las antiguas maravillas de nuestra ciudad se impuso, y decidimos volver.

Mis cuñadas temían que el viaje a través de la llanura resultara demasiado pesado para los niños. Solo se tranquilizaron cuando les dijimos que los animales domésticos nos acompañarían y nos ayudarían en el transporte.

Llevamos las aves a cubierta y las fuimos soltando. Algunas, más tímidas, hacían una primera parada en el tejado del arca, antes de posarse en las rocas o lanzarse hacia la inmensidad de la llanura.

Los patos y los cisnes, que en su mayor parte procedían del río y de los estanques de Uruk, se colocaron en formación de vuelo y se alejaron, rumbo al horizonte. Como nosotros, intentaban volver.

Los insectos, los roedores y los pequeños reptiles desaparecieron con rapidez entre las piedras.

Cuando el pabellón quedó prácticamente vacío, empezamos a liberar a los demás animales. Los subíamos a cubierta y luego los bajábamos por la escalerilla.

Pronto comprendimos que no podríamos hacer lo mismo con todos. La rampa que habíamos utilizado para los animales de mayor tamaño se había quedado junto al río, en Uruk.

Papá sugirió que desmontáramos la tablazón del casco. Por fortuna, mis hermanos habían sido previsores, y llevábamos con nosotros las herramientas necesarias.

Mientras Inana y yo repartíamos entre los animales las últimas raciones de comida, los demás empezaron a trabajar en el exterior.

No era fácil abrir un boquete hasta la bodega, pero se encontraron con una circunstancia que les favoreció: la madera que había permanecido sumergida se había ablandado.

—¡Suerte que al final utilizamos acacia y no cedro! —se felicitaba Sem.

Al cabo de tres días, y cuando muchos animales estaban a punto de desfallecer, parte de la bodega quedó al descubierto.

Primero soltamos a los monos, que parecían los más ansiosos por recuperar la libertad. Bajaron saltando de peñasco en peñasco y se dirigieron a un bosquecillo que crecía a lo lejos.

Después aparecieron los elefantes de Nubia y los de la India, y los rinocerontes de distintas especies. Precavidos y tambaleantes, asegurando cada paso, emprendieron el descenso de la montaña.

Luego soltamos a las jirafas, a las cebras, a los antílopes y a los ciervos. Esperamos a que se dispersaran por la llanura antes de abrir las jaulas de los grandes carnívoros.

Deslumbrados y soñolientos, en parejas, los leopardos, los tigres y los leones se asomaron al exterior. Un oso de pelo

largo, que aún no se había despertado del todo, tropezó y resbaló por la pendiente, pero pronto se rehizo y continuó el descenso por sus propios medios.

—¿Crees que todos los animales volverán a sus casas? —me preguntó Inana.

—Quizá ellos no —le dije—, pero sí sus hijos o sus nietos.

No valía la pena buscar a los ratones, los escorpiones y los murciélagos, que se habían escapado durante la travesía. Si querían salir del arca, ya encontrarían el camino.

Como Inana no quería desprenderse de Kun ni de las crías que había tenido con el gato de los pantanos, subimos la jaula a lomos de un burro.

Lo mismo hicimos con la pareja de dodos. Nos parecían demasiado raros y valiosos para perderlos de vista.

Empaquetamos nuestros enseres y nos pusimos en marcha. Además de los burros, llevábamos los caballos y los camellos. Como habían hecho en el arca, las vacas y las cabras nos garantizarían el suministro de leche.

A media tarde nos detuvimos y miramos atrás.

Algún día, el recuerdo del diluvio se perdería. Alguien escalaría aquellas rocas y se preguntaría cómo había llegado el arca hasta allí.

Por toda la llanura había esqueletos de peces. Sin duda, las aguas habían bajado demasiado aprisa para ellos, antes de que alcanzasen la seguridad de los ríos y los mares.

De noche acampábamos bajo las estrellas, que ahora nos parecían más lejanas.

Una mañana, al pasar junto a una zarza, papá alzó la mano y desmontó.

—Aquí —nos dijo— levantaremos un altar.

Le ayudamos a amontonar las piedras y escuchamos cómo agradecía a Dios que nos hubiera salvado.

De pronto oímos una voz solemne, que procedía de la zarza.

—No volveré a provocar ningún diluvio —dijo la voz—. Es demasiado horrible. ¿Veis aquel arco de colores que resplandece sobre las nubes?

Era un arco gigantesco, de colores muy vivos, que parecía recién pintado sobre el cielo.

—Lo vemos —contestó mi padre.

—Siempre que veáis un arco luminoso como ese, recordad esta promesa que os hago: nunca más moriréis por mi causa. Creed en mí, vivid en paz y tened hijos sin temor.

Cuando la voz se calló, miramos detrás de la zarza. No había nadie, y nos quedamos sobrecogidos.

—Ya os lo dije —nos recordó papá—. Así es como sucede siempre.

Al cabo de dos meses vislumbramos la torre altísima, que ya no lo era tanto. Los pisos superiores y las escaleras se habían desmoronado en parte, y la base era una montaña de escombros.

Uruk se había convertido en una ciudad fantasma. Todo estaba desierto y cubierto de barro: las tiendas, los jardines, las calles. También nuestra casa había sufrido las consecuencias del diluvio. Las puertas habían sido arrancadas, y no quedaba un solo mueble en su sitio. Hasta las camas habían desaparecido.

Dejamos las cabalgaduras en el patio, para que pudiesen beber en la alberca. Con sus ademanes pomposos, los dodos se pusieron a escarbar en el barro.

Habíamos acordado que Inana se quedara con Kun, con Demonio y con las crías.

Estuve ayudando a limpiar y a barrer, pero me cansé pronto. Salí a la calle, que antaño había sido bulliciosa y alegre y ahora era apagada y gris.

El jardín público se había convertido en un lodazal. No podía atravesarlo, y me vi obligado a dar un rodeo.

La entrada de la escuela estaba en ruinas, pero el aula y los pupitres de piedra permanecían en pie.

Me invadió una intensa nostalgia. Después de todo, allí era donde había conocido a mis compañeros, y donde había aprendido a leer y a escribir.

Bajo una capa de fango distinguí una forma redondeada.

Era mi morral. Me abracé a él, me senté en mi antiguo pupitre y cerré los ojos.

Hacía calor. El sudor me hormigueaba por la frente y la espalda. Una gota resbaló lentamente por mi nariz.

Sentí una fuerte sacudida. Era Kudur, el maestro auxiliar, que me zarandeaba el hombro.

—¿Otra vez te has dormido, Jafet, hijo de Noé? —me preguntó—. Ahora tendrás que copiar cien veces la frase.

¡La historia más hermosa del mundo había sido un simple sueño!

Miré hacia atrás y estuve a punto de dar un grito. Dumuzi y los otros habían terminado sus ejercicios y aguardaban para entregarlos.

A medida que Nanasig los iba corrigiendo, abandonaban el aula.

Cuando Nanasig se fue, me quedé solo con Kudur.

Antes de entregar la tablilla, conté las frases. Había hecho una de más, pero Kudur me dijo que no importaba.

En el jardín público, el profeta de la mancha en la cara seguía hablando del fin del mundo, ante una multitud que le escuchaba embobada.

—¡Una tormenta de fuego y azufre caerá sobre Uruk! —gritaba, apuntando al cielo con su larga uña—. ¡Todo lo que veis desaparecerá en un instante, y no quedará piedra sobre piedra!

Sin detenerme, pasé a su lado y crucé el jardín. Tenía muchas ganas de llegar a casa.

En nuestra calle, nada había cambiado y al mismo tiempo había mil detalles distintos, que advertía por primera vez. Me acordaba de la calle gris y enlodada que había visto en sueños y me alegraba de que ahora hubiese tantos colores en los puestos y en las tiendas: canastos de especias y de frutas, lanas teñidas, bonitos tapices.

En el jardín de su casa, Inana jugaba a lanzarle a Kun un hilo de colores.

Levanté una mano pero no me devolvió el saludo. ¿Estaría enfadada conmigo por alguna razón que yo desconocía?

Pensé que, en cuanto dejara el morral, pasaría a hablar con ella.

Entré en nuestro salón. Mamá me miró con asombro, se levantó y vino hacia mí.

—¿De dónde has sacado ese collar? —me preguntó.

—¿Collar? ¿Qué collar?

Me llevé la mano al cuello, lo toqué y me lo acerqué a los ojos.

Era el collar de cornalinas del rey Sargón.

Índice

1. ¡Otra vez tarde! 9
2. La historia más hermosa del mundo 24
3. Los leones del rey 38
4. La construcción del arca 58
5. El zoo de Jafet 72
6. El diluvio 92
7. El ancho mar 107
8. La vuelta a Uruk 125

Escribieron y dibujaron…

Vicente Muñoz Puelles

—*Cuenta usted con el reconocimiento de los lectores adultos y de los niños, y con este libro ha obtenido el I Premio Anaya de Literatura Infantil y Juvenil. El pasaje sobre la construcción del arca de Noé es una de las historias más curiosas que aparecen en La Biblia. ¿Cómo surgió la idea de contar o recrear esta historia?*

—Acababa de escribir una Biblia para niños, y al hacerlo me había dado cuenta de que, aunque algunas historias bíblicas son muy buenas, la mayoría están desaprovechadas desde un punto de vista literario, y se cuentan en pocas líneas. Quería saber más sobre Noé y sobre su situación. La pregunta era obvia. ¿Qué habrían sentido sus hijos al enterarse de que el diluvio se aproximaba, y de que su padre quería construir un arca para salvarles a ellos y a todos los animales? De pronto me vi en el lugar de Jafet.

—*¿Ha sido muy complicado narrar una historia tan conocida como la de Noé, desde la mirada de un niño?*

—No. Hice un pequeño esfuerzo para situarme en aquella época y en aquellas tierras, que coinciden con lo que hoy es Iraq. Pero, en cuanto empecé a escribir, me sentí muy cómodo. Me vi a mí mismo a los tres o cuatro años, en el patio del colegio, pidiéndoles a mis amigos que tuvieran cuidado y no pisaran las hormigas, y luego recogiendo las que estaban muertas y enterrándolas, como Dumuzi. Y todo fluyó naturalmente.

—*En sus libros anteriores hay una voz más infantil, y en* El arca y yo *se aprecia un salto en la edad de esa voz narradora. ¿En qué nivel se siente más a gusto?*

—Siempre me siento a gusto cuando escribo ficción, tanto para niños como para adultos. A mi modo de ver, entre mis cuentos infantiles anteriores y este la diferencia principal no está en la edad, sino en que en *El arca y yo* es el niño, Jafet, quien cuenta la historia. ¡Y además en tablillas de arcilla!

Elena Odriozola

—*El arca y yo es una historia que parece escrita a la medida de la ilustración, en el sentido de que el ilustrador tiene mucho material para reproducir o recrear, como la atmósfera, la gran inundación, los personajes y sus ropajes y, por supuesto, los animales. ¿Cómo ha sido el proceso y qué escenas o pasajes le han resultado más cómodos de ilustrar?*

—He tenido que prescindir de muchas escenas que me hubiera gustado ilustrar, unas 139. Haciendo caso al título, he decidido centrarme en Jafet, el protagonista, y en escenas generales, sin dar mucha personalidad al resto de los personajes e incluso sacrificando algunos.

—*La mayoría de las ilustraciones son planos generales, ¿por qué ha optado por este encuadre?*

—Porque es lo que siento que tenía que hacer. Como he dicho, podía haber dado más importancia a

los personajes, pero entonces tendría que haber dejado de lado otras escenas... pensándolo bien ha sido el poder utilizar la doble pagina lo que me ha llevado a realizar planos generales.

—*Desde* Magalí por fin lo sabe, *publicado en esta colección, ¿en qué ha cambiado su forma de ilustrar?*

—No ha sido un cambio consciente. Solo puedo decir que no soy la misma que hace ocho años, ni que hace tres ni uno ni que hace un mes, y por lo tanto es lógico que mis dibujos tampoco sean iguales. Simplemente intento expresar lo que siento cuando leo el texto.

SOPA DE LIBROS

TÍTULOS PUBLICADOS
A PARTIR DE 8 AÑOS

MI PRIMER LIBRO DE POEMAS
(n.º 1)
J. R. Jiménez, F. García Lorca y R. Alberti

LA SIRENA EN LA LATA DE SARDINAS
(n.º 7)
Gudrun Pausewang

LOS TRASPIÉS DE ALICIA PAF
(n.º 13)
Gianni Rodari

CUENTOS PARA TODO EL AÑO
(n.º 18)
Carles Cano

MARINA Y CABALLITO DE MAR
(n.º 24)
Olga Xirinacs

CHARLY, EL RATÓN CAZAGATOS
(n.º 25)
Gerd Fuchs

EL PALACIO DE PAPEL
(n.º 26)
José Zafra

LOS NEGOCIOS DEL SEÑOR GATO
(n.º 35)
Gianni Rodari

EL BELLACO DURMIENTE
(n.º 40)
Dimas Mas

DIECISIETE CUENTOS Y DOS PINGÜINOS
(n.º 41)
Daniel Nesquens

POR CAMINOS AZULES...
(n.º 43)
Antología de varios autores

**SI VES UN MONTE DE ESPUMAS
Y OTROS POEMAS**
(n.º 44)
Antología de varios autores

EN EL CORAZÓN DEL BOSQUE
(n.º 48)
Agustín Fernández Paz

NUBE Y LOS NIÑOS
(n.º 49)
Eliacer Cansino

LA AVENTURA DEL ZORRO
(n.º 52)
Manuel L. Alonso

A LA RUEDA, RUEDA...
(n.º 53)
Pedro Cerrillo

LA CASA DE LOS DÍAS
(n.º 56)
Sagrario Pinto

VERSOS VEGETALES
(n.º 61)
Antonio Rubio

LA REBELIÓN DE LOS CONEJOS MÁGICOS
(n.º 67)
Ariel Dorfman

LAS COSAS DE BERTA
(n.º 70)
Roger Collinson

MITOS
(n.º 79)
Eduardo Galeano

ORIÓN Y LOS ANIMALES MAGOS
(n.º 86)
Joan Manuel Gisbert

PALABRAS MANZANA
(n.º 91)
Jorge Luján

LA VERDAD SEGÚN CARLOS PERRO
(n.º 95)
Sergio Gómez

DÍAS DE CLASE
(n.º 98)
Daniel Nesquens